医学博士・セルバンク代表
北條元治
Hojo Motoharu

40代の壁を乗り越える美容トレ

「肌の再生医療の専門家」が
付度なしで教える最高のエイジングケア

はじめに

40代の壁とは何か

「最近肌のハリがなくなったきがする…」

「乾燥しやすくなってきた…」

「化粧のノリが悪くなった…」

そういったお悩みをよくお聞きします。

「お肌の曲がり角」という言葉がありますが、実はある日突然に老化が始まるわけではないんです。

40歳、50歳になったらガクッと落ちるわけではなく、突然に顕在化するわけではありません。

ただし、**徐々に落ちてくる「前触れ」みたいなものはあります**。

多少の個人差はありますが、それが**30代後半から40代**にかけて感じてくる方がほとんどです。私のクリニックにも40代にかけて、お肌に関する相談が圧倒的に多くなってきます。

肌が衰えを感じる…そういう「壁」は実際にありえます。

皮膚の弾力性は代謝でまかなっていますが、それが年齢と共に徐々に下がってきます。

角質層を維持する能力が落ち、皮脂腺や汗腺の分泌量が減るなどの前触れが始まってくることが多いです。

ここで私が言いたいのは脅しではありません。

これらは**当たり前のことだから「あまりうろたえないでください」**と言いたいのです。芸能人だろうが、モデルだろうが、どんなに気を使っている人でも退行性の変化は起こるものだからです。

ですから「過激に何かをしよう」「変えなければいけない」と、美容に対して高いハードルを設定するのはやめてください。

これはよく覚えておいてください。

美容は「しすぎるよりも、あまりしないこと」が実は大事です。

なぜ、美容をがんばりすぎないことが大事なのか。

私は肌の再生医療の専門家として、5千人以上の患者さんを診てきました。

シワやたるみが
気になってきた
かも….。
加齢とともに皮脂腺や汗腺の分泌量が減ってくる
30代
40代
60代

肌トラブルを招いてしまう人のなかには、傾向としてはどちらかというと、美容に意識の高い方やがんばって美容をされている方が多いのです。

それは**「間違った方法」で根を詰めてやってしまうことで、余計に良くない方向にいってしまうことがある**からです。

「タレントさんがこういう方法をおすすめしてたから、やってみたけど悪化してしまった…」「SNSでバズっていたから試してみたんだけど効果が出ない…」そういうこともよくお聞きします。

まずは情報を鵜呑みにしすぎず**「美容をがんばりすぎない」**とハードル低く持つくらいがいいと思います。

皆さんが気になるのは、では逆に「なにをすればいいのか」ということですよね。それは本書で詳しくお話していきますが、私が一番したほうがいいと思っていることをご紹介します。

それは**「保湿とUVケア」**を大事にすることです。

これに限るといっても過言ではありません。これまで気を使ってきた方はそんなのは当たり前だと思うかもしれませんね。

しかし、当たり前のことこそが大事であり、これを継続してやるだけで美容を気にせず生活する人よりも老化のスピードをゆるやかにできます。では、もうお伝えすることはないのではと思われる方もいるかもしれませんが、**この当たり前の答えを知っていても、やり方が間違っている方がたくさんいらっしゃるのです。**

例えば、フェイスパックを何時間もやってしまっていませんか。アカスリなどをして皮膚に刺激を与えすぎていませんか。洗顔料をつけて朝洗顔をやっていないでしょうか。たるみをなくそうと顔のストレッチをやっていませんか。日焼け止めの正しい塗り方を知っているでしょうか。

本書では、間違いがちな美容のやり方、考え方に対して、医学的な正解をご紹介していきます。楽しく理解が進むようにイラストも用いて、一問一答形式になっています。できるかぎり医学的な用語や皮膚に関する専門用語は使いません。誰もが読んでいただけるように平易に解説させていただきます。

全部で3章あります。ChapterⅠは、スキンケア全般についてです。肌状態が良くないときにしてほしいことや、シミ・たるみの予防と対策など、基礎知識や間違いがちな知識を余すことなくお伝えします。Chapter2は、食事に関することです。エイジングケアに有効な食事とは何か、医者が買わない食品は何かなど、最新の見地からお届けします。Chapter3は、日常の習慣に関することです。運動は筋トレと有酸素運動どっちがいいの？　という素朴な疑問など、日常生活で気をつけたいことをお伝えしていきます。

きれいになりたい。若くありたい。日々を明るくありたい。

そういうふうな気持ちを持ってこの本を手にとられた方もいらっしゃるのではないでしょうか。まずはその前向きな気持ちがあることが大事だと思います。**当事者意識をもちながらも、がんばりすぎない美容をしていきましょう**。

本書を読んだ結果として、きれいになり少しでも日々が前向きに楽しくなるように、美容に関する正しい知識・若くいるための対策をお話いたします。

これが違います！

化粧水は自分が
使って心地いいものを
使っている

肌を
触らない

美容を
がんばり
すぎない

顔を洗い
すぎない

正しい
日焼け対策を
している

規則正しい
生活をしている

肌トラブルが
起こったら生活習慣を
すぐ見直している

体型を
維持している

水分をこまめ
（1日2リットル以上）に
摂取している

空気の乾燥には
敏感である

肌の状態に
合わせてアイテムを
使い分ける

40代の壁に苦戦する人・乗り越える人は、

「高価だから」
「口コミがいいから」
という理由だけで
化粧水を選んでいる

100点を
目指して美容に
取り組んでいる

水分を
あまり
摂っていない

日焼け対策が
間違っている

クレンジングを
落とす際に完璧に
落とそうとする

偏食しがち
である

ダイエットを
繰り返している

乾燥しがち
である

肌トラブルが
あっても同じ化粧水を
つかっている

CONTENTS

Chapter 2

40代の壁を乗り越える食事

Chapter

1

40代の壁を乗り越える スキンケア

QUESTION 1

「肌状態が良くない時」のベストなスキンケアは？

※肌状態が良くない時＝肌荒れ、赤みがでている時など

A. スキンケアはワセリン一つで終わらせる

B. 高保湿成分がたっぷり入った化粧品に切り替える

ANSWER ○

A. スキンケアは ワセリン一つで終わらせる

肌の状態によってスキンケアは変わる

もし普段の化粧品を使っていて「顔がヒリヒリして腫れる」「赤みが出る」などの不調が少しでもあった時は、直ちに使用をやめてワセリンを塗ってください。

皮膚科医はどんな状況の接触皮膚炎いわゆる「かぶれ」であろうとも、基本的にワセリンをベースにした軟膏の塗り薬を渡します。

なぜそれを勧めているかというと**「皮膚のバリア機能が破綻している」「皮膚が損傷を起こしている」時には、もうワセリンしか手段がない**んです。ワセリンはどんな状況でも使えます。例えば擦りむいたところにワセリンを使うということもあります。それから熱傷患者で植皮を使った後、培養皮膚を移植した時にもワセリンで保湿します。ワセリンは正常な皮膚にも使えるし、傷ついたところにも使えます。何も変化が起こらない、しかも保湿ができるという点において「万能」なのです。ですから医師から言うと、ワセリンは、

「万能な軟膏・万能な塗り薬・万能な保湿剤」ととらえているんです。

ただし、ある観点から見るとワセリンは最悪です。それは「肌の状態がいい時に使用する」場合です。なぜかと言うと、ベトベトしたり思ったより保湿効果がなかったりということがあります。何かに迷って皮膚にトラブルがあるのであれば原点回帰して、迷わずワセリンにしなさいという意味で私はワセリンを勧めています。

特におすすめは、**「日本薬局方の白色ワセリン」**です。何か皮膚トラブルを起こしている時、もしくはその気配がある時はワセリン以外の商品は使わないでください。**化粧品は肌のバリア機能を正常に保っている時に、もっと快適にするためのもので、肌のバリア機能が破綻しているものを治すものではないです。**そういう視点でワセリンと化粧水・保湿クリーム等を考えてみてください。何が何でも化粧品、何が何でもワセリンということはありません。

POINT

肌トラブルを抱えている時はワセリンを、肌の調子が良い時は化粧品と、使い分けましょう。

QUESTION 2

「肌のたるみ予防」でやってはいけないのは？

A. 表情筋のストレッチをする

B. 日焼け対策を行う

ANSWER 〇

A. 表情筋のストレッチをする

やってはいけない5つの習慣

結論からお話しすると、次の5つは肌のたるみを促進させます。①日焼け②タバコ③ストレス④表情筋ストレッチ⑤無理なダイエットです。1つ目は、日焼けです。日焼けは太陽からの太陽光、いわゆる放射線の一種みたいなものから引き起こります。太陽光の中にはUVA・B・Cがあって、一番厄介なのはUVAです。真皮部分のコラーゲンやエラスチンを破壊し、さらに細胞毒性もあるので、これらを作る真皮線維芽細胞というものまでも破壊してしまいます。表皮のみでしたら、ターンオーバーで消えたりレーザーを当てたりして何とでもやりようがありますが、UVAによって破壊された真皮というのはもう絶対に戻ってきません。たるみに対して、日焼け対策は必須です。2つ、3つ目は、タバコとストレスです。これらは真皮や血管を攻撃します。血管が収縮されることでコラーゲン・エラスチン、またそれらを作っている真皮線維芽細胞も破壊されています。

ストレスも同じようにフリーラジカルを多く出します。これらは細胞毒性が非常にあり、細胞にダメージを与えますので、**タバコとストレスはセットでダメ**と覚えてください。4つ目に表情筋のストレッチです。なぜなら**「表情筋は鍛えられるものではない」**からです。間違えた方法でやるとかえってシワが増え、たるみの原因になります。表情筋を動かすことによってできるシワがあるなら、動かさなければいいという発想の下で出てきた治療法が「ボトックス」です。表情筋のストレッチはこの治療法の真逆を行くから、絶対にやめましょう。5つ目は無理なダイエットです。短期間での無謀なダイエットは、リバウンドする可能性が高くなります。**皮膚というのは太ったり痩せたりすると必ずたるんでくるので、過激なダイエットはNG**です。顔は加齢とともにたるみやすいですが、上記に気をつけて予防することはできます。健康的な生活は顔のたるみを予防するともいえるでしょう。

POINT

5つのダメな習慣をやめて、日焼け対策とストレスフリーになるような生活を目指しましょう。

QUESTION
3

毛穴に対して正しいケアはどっち？

A. 毛穴が広がらないように毛穴の黒ずみを取る

B. 毛穴は刺激しないのが一番良い

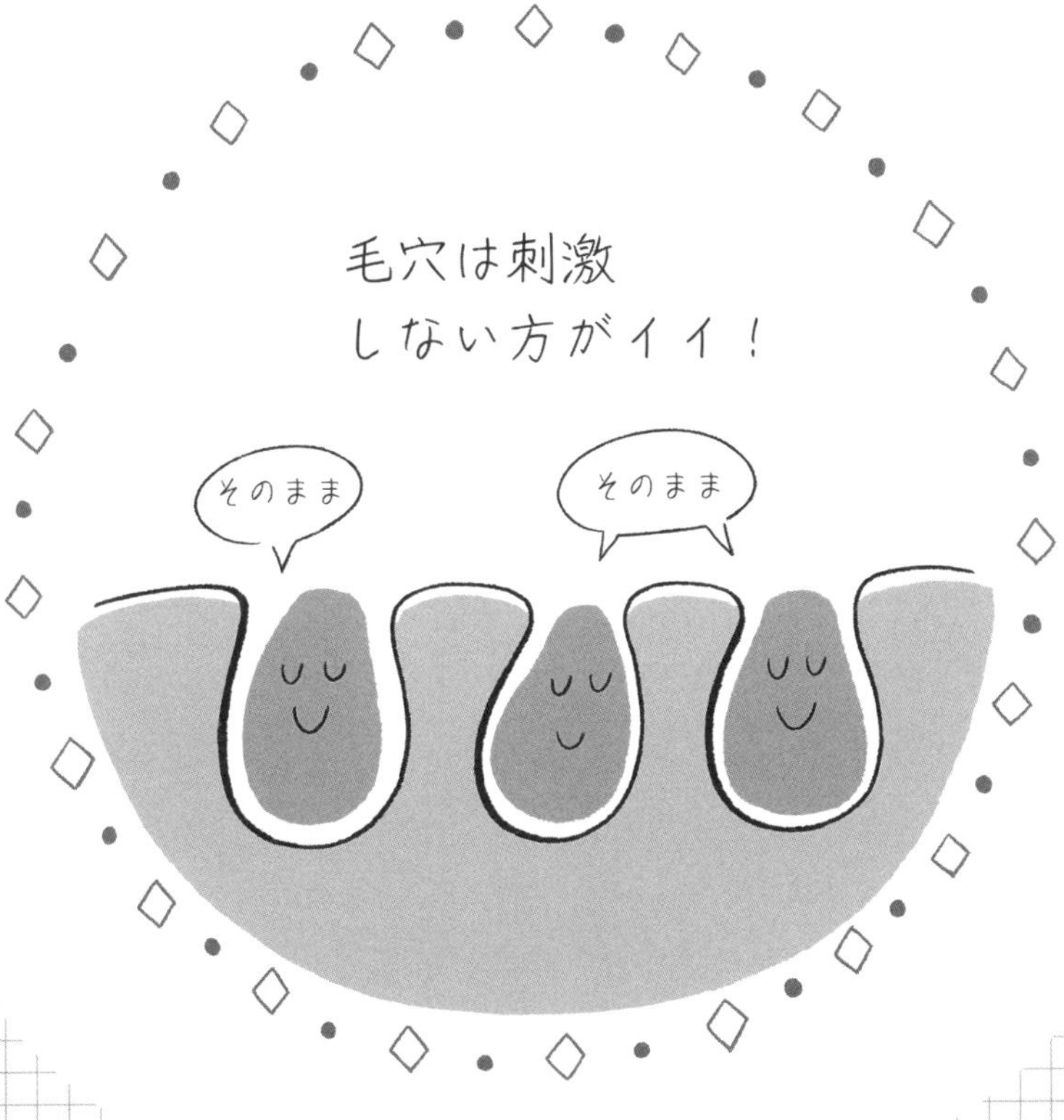
毛穴は刺激
しない方がイイ！
そのまま
そのまま

ANSWER ○

B. 毛穴は刺激しないのが一番良い

毛穴が開くNGなこと4つ

毛穴への刺激を与えないことが大事です。**NGなのは、毛穴パック、顔面マッサージ（カッサ）、顔面スクラブ、ホットスチーマーの4つです。**

1つ目の毛穴パックは、逆に毛穴が広がってしまう恐れがあります。**スキンケアの一番の基本は、物理的な刺激を与えない・角質を剝ぎ取ってしまわないことです。**毛穴パックはこれらと完全に逆行していますので、良くありません。

2つ目はカッサみたいなもので、ゴリゴリと行う強力なマッサージはやらないほうがいいです。気持ちの良い感じでふわふわとマッサージするとか、軽いマッサージはしても差し支えないと思います。**むしろ血行を良くするとか、物理的な刺激を与えないマッサージだったら良い**と思いますね。

3つ目は顔面スクラブ。これはダメです。

基本的なスタンスとしては、皮膚の角質を剝ぎ取るような機械的な刺激は与えない。刺激を与えると基本的には廃れていっちゃいますね。スクラブはつぶつぶで物理的に剝がして取るものだから、良くありません。

4つ目はホットスチーマーです。**高温に熱した水を顔に当てるというのは、物理的刺激を与えるのと一緒**なのかなと思います。

またそれと関連して、「サウナは美肌にいいですか」と聞かれることもありますが、美肌とは特に関係ありません。

体調を管理しながら常識的な範囲で行く分には問題ないでしょう。念押しですが毛穴は「刺激しないこと」を守り、以上のことを極力避けるようにしましょう。

POINT

「物理的な刺激を与えない」「角質を剝ぎ取らない」を覚えておきましょう。

QUESTION 4

「毛穴の黒ずみ」は除去しないと消えない？

A. 毛穴は毎月取り除いて綺麗にすると段々目立たなくなる

B. 毛穴は毎日欠かさず保湿すると目立たなくなることもある

ANSWER ○

B. 毛穴は毎日欠かさず保湿すると目立たなくなることもある

「悪化させない」観点で対処する

自宅で簡単に毛穴を治す方法は、「長いスパンでしっかり保湿すること」です。まず、毛穴が目立つ一番の原因は何だと思いますか。それは、保湿不足です。表皮は保湿不足だと縮んでくるんですね。肌は水分の含有量が少なくなると、萎縮して、干からびてくる。そして、そのような状態が長く続くと、毛穴が開いた状態で固定するような現象が起こります。

皮脂腺の動きが活発な人というのは、皮脂腺が大きな毛穴にこびりついて、保湿しても中々縮まなくなります。それからブラックヘッドといって、感染や酸化が起こって黒い形のものができてしまうという現象が起こります。体質や生まれつきが半分くらいあるかもしれませんが、そのもう半分は保湿によって予防できます。毛穴が開いていたりブラックヘッドがある状態から、今日、明日保湿したらすぐに治るというものではないんです。

しかし、皮膚（角質）というのは1か月で完全に全部置き換わるものですから、長いスパンで保湿を真剣にやるようにしてみてください。

ではどういう保湿がいいのかということですが、高価なものでなくて大丈夫です。

自分に合った低刺激で保湿力の高い化粧水を使ってみる。1〜2か月、肌が乾燥する前に四六時中保湿し続けるようにすると、毛穴は目立たなくなってくるはずです。

また、無理にギュッと押しつぶして角栓を出そうとするような刺激を与えるのも良くないです。紫外線にも注意して生活しましょう。

体質の問題や鼻の頭などは保湿によって改善していくというのは難しい部分もあると思いますが、何より悪化させないという観点で毛穴のケアをしてみてください。

POINT

1〜2か月のスパンで毎日の保湿を心がけましょう。

QUESTION
5

「シミ対策」として適切なのはどっち？

A. ビタミンC配合の化粧水を染み込ませると良い

B. 物理的に刺激を与えないことが重要である

ANSWER ○

B. 物理的に刺激を与えないことが重要である

「紫外線対策」と「肌の摩擦」に注意

シミは加齢とともにある程度できてくるものですが、シミをこれ以上増やさない徹底的な予防対策としては「物理的に刺激を与えない」ことです。物理的な刺激に紫外線B波（UVB）も含まれます。

シミができる原因として、メラノサイトの何らかのシグナルトランスダクションがきて、メラニンというたんぱく質を生成して、それが真皮に落ち込んで恒久的なシミになってしまうのです。この何らかのシグナルが伝わってくるということがミソなんですね。これは、どのようなシグナルがメラノサイトに伝わって、メラニンという物質が生成されるのか。その最初のトリガーは、よくわかっていません。

ただ、外的な要因としては、UVBがトリガーになるということは明らかになっています。**外的な刺激（物理的な刺激・紫外線）によってシミができることがわかっている**ので、これをカットすればいいのです。ただ外的要因を予防したからと言って、絶対にシミが無くなるわけでもないことは注意しましょう。

まずは、**紫外線による外的刺激を徹底的にカットする**ことです。それと、物理的な刺激をカットすることが大事で、**主にクレンジングでゴシゴシ顔を洗う、カッサでゴリゴリ顔をこするのはシミを作る一番の原因**です。炎症性の色素沈着を必ず惹起しますし、炎症性の色素沈着で一過性のものであればいいのですが、恒久的なものになってしまう可能性があるので、クレンジングには気をつけましょう。紫外線の対策と肌の摩擦に気をつけることが、究極の方法になっています。

シミができる理由として、外的要因と内的要因の双方が考えられますので、紫外線ケアに加えて、なるべく肌に刺激が無いように意識していきましょう。

POINT

シミを作らないために紫外線ケアを徹底し肌への物理的な刺激を避けましょう。

QUESTION
6

シミ取りクリームの真実はどっち？

A. シミを取る成分はこの世に存在しない

シミ取り成分て本当にあるの？

B. シミ取りクリームは効果が期待できるものもある

ANSWER

○

B. シミ取りクリームは効果が期待できるものもある

薬事的な効果・効能を求めて化粧品を使わない

断言しますと、**シミ取りクリームのカテゴリーが化粧品であれば薬理効果がないので効きません。**

ただし反対に「医薬部外品」であれば効きます。

どういうことかと言いますと、シミを薄くするということは、何かの化学物質を皮膚に塗って、皮膚という生体がその化学物質によって反応を起こすということです。生体が反応してしまうものというのは、当然良い反応もすれば悪い反応もします。

悪い反応によって、皮膚が白くなってしまったり被れてしまったり、生体に悪い反応を起こすようなものが、広く流通してしまったら危険ですよね。

ですので、基本的に生体に反応する物質は薬機法という法律で「薬」として厳しく取り締まられています。反対に**生体に変化をもた**

らさない物質は「薬」ではなく化粧品として管理しています。これは大原則です。

シミを薄くするクリームのカテゴリーが化粧品であれば、そもそも出発点が生体になんら反応も起こさない物質で作られているので、化粧品というカテゴリーで流通は許されています。

ですので、効きません。ただそれを塗ると気持ちがいいというのであればいいでしょう。**何か薬事的な効果・効能を求めて、化粧品を使うのは無しかと思います**。

これは医学的見地からの一つの断面でしかないので、このシミ取りクリームがダメとか無駄だと言っているわけではないので、あくまでも一つの見解に過ぎないということを念頭において参考にしてください。

POINT

生体に変化をもたらさない物質が「化粧品」なので、薬理的な効果・効能を求めるのはやめましょう。

QUESTION 7

「目の下のたるみ・シワ予防」でやってはいけないことは？

A. 眼輪筋トレで目の周りを鍛える

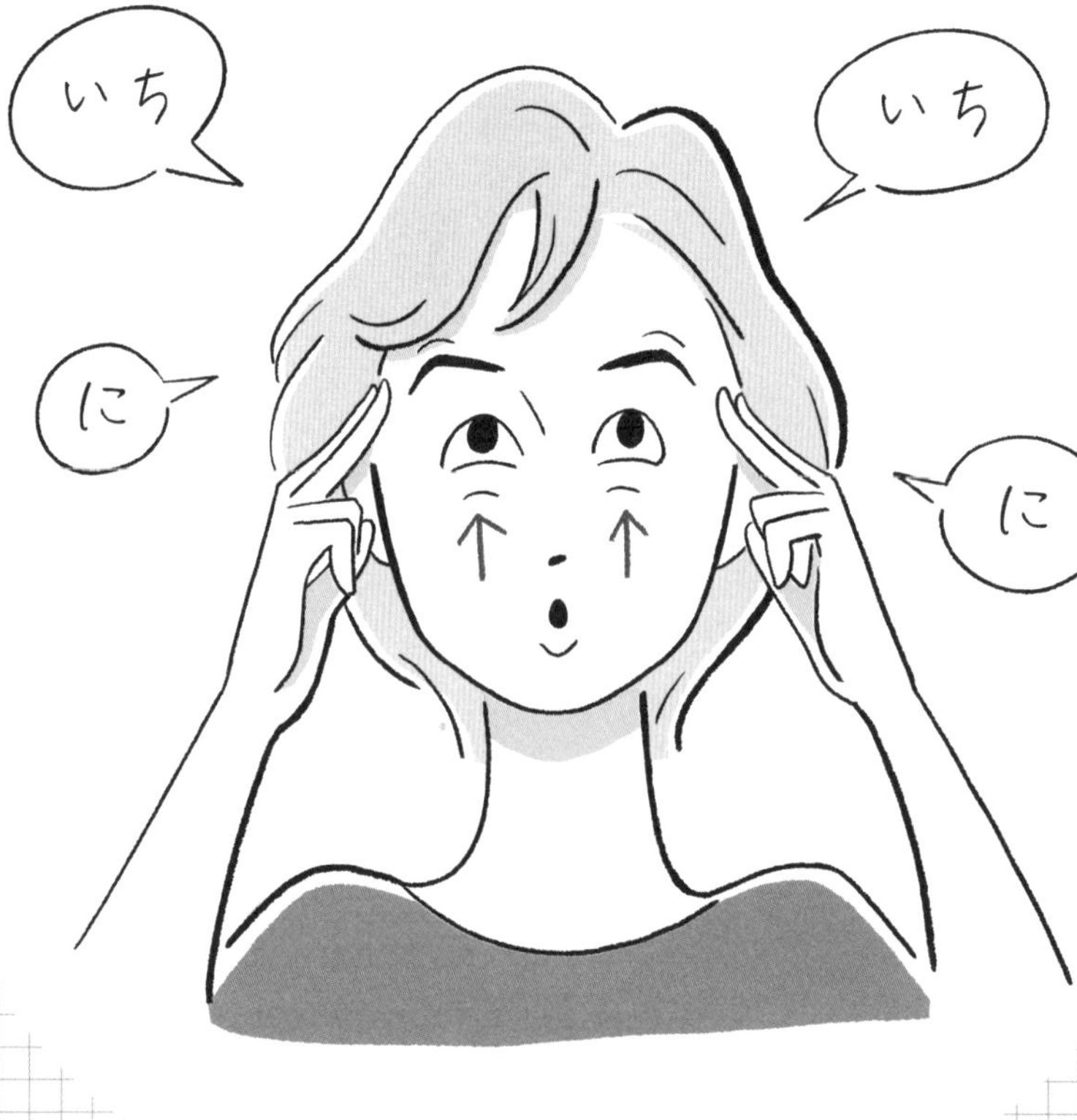

B. 目の周りを保湿する

ANSWER ○

A. 眼輪筋トレで目の周りを鍛える

基本的には「保湿」が重要です。

結論を言うと、**「目の周りは保湿を心がける」**の一択です。

目の下のたるみやシワを取ろうと頑張る方がやりがちなのは目の周りのマッサージや、眼輪筋トレーニングといったことです。

その他に、個人輸入でのレチノール等、表皮に影響を及ぼす薬剤の使用したり、ハイフ、サーマクールなどを局所に当てたりする方もいらっしゃるかと思います。それらはおすすめできないのですが、それが良くない理由をご紹介します。

一つ目は目の周りのマッサージ（目の周りをこする）・眼輪筋トレーニング。このような**摩擦を伴うようなマッサージ全般はやめたほうがいい**でしょう。目の周りはただでさえ皮膚が薄いのです。**人間の皮膚の中で、一番薄い皮膚は上下眼瞼の皮膚です**。だからゴシゴシ擦ると真皮部分のコラーゲンが断裂したりといいことは何もないので、摩擦を伴う強いマッサージは避けましょう。また、眼輪筋トレーニングや眼輪筋剝がしも全く意味がありません。巷で話題になっているようですが、全部嘘っぱちだと思ってください。

2つ目は、個人輸入でのレチノール等、表皮に影響を及ぼす薬剤の使用です。市販で売っているような濃度の低いもの力価の低いものであれば大丈夫です。ただ現在、非常に力価の高いメディカルグレードのものが個人輸入で簡単に手に入るので、そういうもので一般の方がレチノール肌にしたりなどはおすすめできません。かなり難易度が高く、扱いにくいのです。

3つ目はハイフ、サーマクールなどを局所に当てること。面・全体としてやるのであれば、リフトアップとかの効果が出てきます。ただし、眼輪筋のように局所に当てて効果が出るということではありません。やってもあまり意味はないでしょう。基本的には「目の周りは保湿一択」ということで覚えてください。

POINT

がんばりすぎて逆にシワを増やす人も。目の周りは保湿だけを気をつけましょう。

QUESTION
8

日常的にできる「乾燥対策」はどれ？

A. 乾かないうちに化粧水を何度も重ねておく

B. 化粧水＋水分を積極的に摂る

ANSWER ○

B. 化粧水＋水分を積極的に摂る

真皮部分の水分は化粧水から補給されない

加齢とともに乾燥することが増えるのは、一言で言うと**肌のバリア機能の低下が原因**です。バリア機能というのは、角質の上に張っている油膜みたいなものです。年を取ってくると、皮脂が足りなくなってきて紙がめくれないことが起きます。

紙をめくるための皮脂が無くなっているだけでなく、皮膚全体を覆っている脂分が少なくなっています。

もう一つの原因に、真皮部分の菲薄《ひはく》化があります。皮膚や人体の70〜80％が水分です（その他はコラーゲン・エラスチン）。保水力の高い大きくて分厚いスポンジだったものが、年を重ねていくと、薄っぺらくなります。前者だと水を多く溜めていられますが、後者はほとんど溜められませんよね。ですので、**年を取った皮膚というのは、油膜が無くなって水分が蒸発しやすくなっています**。

そして、真皮部分で水を含んでいる層が薄くなっているので、保水率が凄く低くなります。皮膚の水分含有量が少なくなっていますので、水分が蒸発して乾燥します。ですので、加齢と乾燥はセットで考えられます。

では**どう予防すればいいのかというと、水分を摂る・皮脂を補うことが重要**です。ただ化粧水などで補った水分は角質だけにしか留まらず、真皮部分の水分というものは化粧水から補給されませんので、**内部からきちんと水分補給するようにしてください**。塩分濃度の高い食べ物を食べてしまうと尿となって出てきてしまうので、普通の水やお茶を飲むのが良いかと思います。**目安としては1日水2Lほど**を推奨します。また乾燥を避けるためにクリームを顔や手に塗って乾燥を防ぎましょう。肌の乾燥は顔だけではなく全身に起こるので、かかとなどにクリームを塗って保湿してあげることも重要です。

POINT

日々の乾燥対策として、化粧水を塗るだけでなく、水分も1日2L程度摂るようにしましょう。

QUESTION
9

正しい朝洗顔の方法はどっち?

A. 水洗いでさっぱりと洗う

B. 洗顔料を使ってよく洗う

ANSWER
○

A. 水洗いでさっぱりと洗う

洗顔料を使ってはいけません

朝洗顔時に「洗顔料を使ってはダメ」です。それは、肌のバリア機能を壊す恐れがあるからです。

そもそも朝洗顔をしていいのか、という意見も多くいただきます。これはどちらかといえば「したほうがいい」と思います。これは夜につけたスキンケア商品を洗い流さないといけない、とか残ってしまった化粧品を洗い流さなければいけないという話ではありません。

どちらかというと清潔感の問題からです。目ヤニがついていたり、口元によだれを垂らしてしまっていたり、顔に埃がついていたり、するのでそのための方法として、朝に洗顔をしたほうが肌も問題を起こしにくいのではないかと思います。

スキンケア商品を洗い流さないと不安かもしれませんが、もし化粧が残っていても、洗顔料は使わないほうがいいと思います。1日そこそこ化粧が残っていても肌に悪さは起こさないですし、酸化した化粧品を洗い流すという意味では、特に洗い流す必要もないです。表皮は28日程度で完全に入れ替わります。百歩譲って酸化して有害物質になったとしても、それが肌に違和感がないのであれば問題なく、2、3日で垢として勝手に落ちていきます。

洗顔のやり方に関しては、脂っぽい肌であればぬるま湯で、乾燥肌であれば水でパシャパシャと軽く行いましょう。ゴシゴシとせずに、水だけで優しく行いましょう。**タオルで顔を拭くときも優しく押し付けるようにして摩擦しないように水を拭いてください**。これまで洗顔料でやっていた方は、切り替えると気持ち悪いと思うかもしれませんが、慣れの問題だと思います。肌トラブルのある方を診察した時に、「洗顔やめてみて」「ボディソープをやめてみて」、と言うとかなりの方が改善していきました。肌トラブルを起こす方は界面活性剤を使いすぎているところがあるのではと感じています。

POINT

朝の洗顔で洗顔料を使うのはやめましょう。刺激が強すぎる恐れがあります。

QUESTION
10

正しい日焼け止めの塗り方はどっち？

A. 屋内で塗り 15分経ってから外出する

B. 半日に1回は塗り足す必要がある

ANSWER ○

A. 屋内で塗り 15分経ってから外出する

日焼け対策に効果的な5つのポイント

日焼け対策は美肌のために重要ですが、ここでは「アメリカ皮膚科学会」という権威ある学会も提唱している日焼け止めの塗り方を参考にしつつ、5つのポイントを簡潔にご紹介いたします。

①SPFが30以上で耐水性があり広範囲を塗りやすいもの

無理にSPF（Sun Protection Factor）50を使わなくてもSPF30でも十分な保護が期待できます。

②屋内で塗り、15分経ってから外出する

日焼け止めが効いてくるのは15分後と言われています。バーベキューする方、海に行く方は、外に行ってから塗るのでは遅く、15分ほど無防備な時間ができてしまいます。これは一番大事なポイントかもしれないですね。完璧に防御してから外に出ましょう。

③十分な量を塗る（全身を塗る場合は約30g）

日焼け止めはケチケチしてはいけません。大体全身を覆うのであれば、約30g必要で、これはゴルフボールくらいの量です。日焼け止めはたっぷりめを意識しましょう。これはステロイドなどを使う時も一緒で、使用する量は多めを意識しましょう。

④素肌全体に塗る

これは当たり前ですが、落ちてしまうようなものに塗らないようにしましょう。

⑤2時間おきに塗り直す

2時間以内に塗り足すのが理想とされています。塗り足す時は、外に出ていても問題ありません。

これらのポイントを守ることで、日焼けによる肌のダメージを効果的に防ぐことができます。日焼け止めは夏の必需品ですが、年中無休のスキンケアとして考えるのがベストです。肌を守るためにも、これらのポイントをしっかりと実践しましょう。

POINT

正しい日焼け止めの塗り方を覚えて、紫外線を制しましょう。

QUESTION 11

「クレンジングのやり方」で大事なのはどっち？

A. 化粧残りは肌荒れの原因になるからしっかりと落とす

B. ある程度汚れが落ちたと感じたらオッケーにする

ANSWER ○

B. ある程度汚れが落ちたと感じたらオッケーにする

洗いすぎるのは絶対NG

〝洗いすぎ〟をやめたら、毛穴の開きはある程度改善していきます。毛穴の開きは表皮の問題ですので、表皮のダメージを少なくすれば、理論的には毛穴の開きというものは良くなっていく、または改善していくことが予想されています。そこで大事なのが**表皮に対してダメージを与えない**ということです。

現代に生きる女性は、ほとんどの方が化粧をされます。そして、それを落とす作業をしなくてはいけませんが、**スキンケアの際に肌へのダメージが大きいとされるのがこのクレンジングを使用して落とすことです**。クレンジング使用がダメとは言いません、これを必要悪だと思っています。ですが、「クレンジング」「乾燥」等のダメージを与えると、どうしても毛穴は広がっていきます。化粧品は「油」でできていて、汗をかいても落ちない非常に高機能なものです。過度にオイルクレンジングをやるとやはり毛穴の開きというものはどんどん悪くなっていくと思います。オイルで化粧品を溶かす、そのうえで表面活性剤を使いクレンジングで全部洗い流すみたいな洗顔方法はやめたほうがいいでしょう。

顔というのは毛の生え際のところに皮脂腺というものが出ています。オイルクレンジングでオイルを塗ると皮脂腺の部分の皮脂まで全部オイルで溶かしこんでしまいます。それに、クレンジングで洗い流すと、毛穴を含めた皮脂腺表面をコーティングしていたものの全部を洗い流してしまいます。洗浄力は高いんだけれども、肌にダメージのあるクレンジング方法かなと思っています。

化粧の多少の汚れが落ちずとも、気にしない。肌が突っ張らない洗顔料に変える、という選択肢もアリだと思います。オイルクレンジングで皮脂腺まで含めて脂を洗い流してしまうなんてことは考えず、神経質にならなくてもいいと考えています。

POINT

クレンジングで完璧に汚れを落とそうとしすぎないように注意しよう。

小顔マッサージはやるべき?

A. 推奨はしない

B. 10分以内を推奨する

ANSWER ○

A. 推奨はしない

「小顔」にはならない

人の顔は粘土ではありません。

押さえたりとか押したりとか、いわゆる小顔マッサージみたいなものもありますが、それは解剖学を習った身からすると根拠のない理論だと言えます。

ですから、推奨はできません。

なぜか、よく年を取ると骨が失われていくとか縮んでいくと言われますが実際には手足は短くなりはしません。

体幹の身長が縮むのは骨が小さくなるからではなくて、椎間板が薄くなっていくからです。

椎間板というゼリー状の組織が、背骨一つ一つのあいだに座布団のように存在します。この椎間板の水分量が加齢とともに減少していきます。

そのため椎間板の厚みが薄くなり身長が低くなります。

これは誰にも起こりうることです。

ただし、**骨が縮んで身長が縮むわけではありません。**

ですから小顔になりたいと思ったら、ホームケアで対処するのは難しいのです。

骨格上で決まっているものですから、それを受け入れる必要があるのは事実です。

ホームケアでは対処のしようがありませんので、スキンケアや体型の維持、ファッションの部分などで、カバーしていくしかないというのが現状の答えになります。

顔をマッサージすると肌への刺激にもつながりますので、やらないようにしましょう。

POINT

小顔になるマッサージ・ストレッチはないと心得て、スキンケア、体型維持などに努めましょう。

QUESTION 13

フェイスマスクでやってはいけないことは？

A. 長時間（１時間以上）つけておくこと

マスクは
できるだけ長く
付けた方がいい
わよね！
１h経過…
MAGAZINE

B. いろんな種類のフェイスマスクをつけること

ANSWER ○

A. 長時間（1時間以上）つけておくこと

フェイスマスクで気をつける5つのルール

フェイスマスクを日常的に使用するのは問題ありませんが、使い方には注意が必要です。特に守るべき5点をお話しします。

①肌荒れ時に使用するのは絶対にNG

すべてのスキンケア商品に言えます。肌のバリア状態が正常な時に、もっと健やかな状態に保つためのものです。肌がヒリヒリする、ほてっている時など違和感があったらすぐにマスクをやめましょう。

②極度に温めたり冷やしたりしてつける

気持ちいいかもしれませんが、推奨はしません。また、温めるとフェイスマスク内の成分が変形してしまうこともありますので、やめましょう。

③お風呂で使う

肌に浸透しやすいようにするための物質が入っていますが、お風呂の中ではそういうような物質がなくても水が浸透していきます。逆にどんどん浸透してふやけてしまうので注意です。

④長時間つけ続ける

1時間つけるなど長時間の使用はやめましょう。化粧品は基本的には、1時間、2時間もつけてやることは想定していませんので、そのような検証はされていません。10分~20分が目安となると思いますが、お使いのフェイスマスクの使用時間を十分確認しましょう。

⑤ケチケチ使わない

期間内に使うようにしましょう。しまい込んでもう一回つけるなどはもってのほかで、雑菌がついてしまうので、開けたらすぐ使うのが基本です。

以上、使い方を間違わなければいいアイテムですが、間違えて使うと肌の状態を悪くする場合もありますので気をつけましょう。

POINT

特に長時間の使用は避けましょう。注意書きを読み、正しく使うことが重要です。

QUESTION 14

顔の赤みの原因は何？

A. 皮膚への刺激が強いことで起こる

B. 食生活の影響で起こる

ANSWER

A. 皮膚への刺激が強いことで起こる

赤みは「炎症反応」が起こった状態

赤みの問題って血管拡張なんです。赤血球が透けて見える、それが赤みの正体です。

また、ヒスタミンが分泌されて血管が拡張することを、「炎症反応」と言います。

物理的な刺激に対する炎症反応によって赤みになっちゃっているというのもあると思います。

蚊に刺されたところが赤くなるのも炎症反応です。漫画でビンタされて手の跡が残るというのも炎症反応からくるものですね。

刺激がずっと続いて赤みが続くのを「慢性炎症」とも言います。ニキビが慢性的に刺激を与えて赤ら顔になり慢性炎症になっていることもあります。

赤ら顔になってしまっている方は、まずは「皮膚になにか悪いことをしていないか」「負担をかけていないか」自分の生活習慣で探し

てみてください。

クレンジングを行って、突っ張りヒリヒリするようなら、それが原因かもしれません。もしくは日焼けも関係がありますし、マスクの長時間の使用も赤みに繋がる場合もあります。

それからファンデーションとかそういうものをやめてみるとか一緒にクレンジングをやめてみるとか、そういう皮膚への刺激を避けるということはやったほうがいいかな、と思いますね。

そして**赤みが病的にひどいのであれば一度皮膚科を受診**したほうがいいと思います。

慢性的な刺激による炎症反応を続けていると、そこの部分で色素沈着が出たりとかシミの原因になったりとかすることもありますので、早めに対処していきましょう。

POINT

皮膚に何か刺激を与えていないか原因を探るとともに、心配な場合は皮膚科に行きましょう。

QUESTION 15

くすみの原因は何?

A.

くすみは
医学的には存在しない

B. 黒っぽいシミになりかけのもの

ANSWER ○

A. くすみは医学的には存在しない

くすみの予防は、水分補給と保湿が一番

くすみは医学用語ではなく、**医学的に「くすみ」というものは存在しません。**

「なんか黒っぽいかも？」「何か肌の色調が変だな」みたいな個人の感情的なものを表すのに「くすみ」を用いているにすぎません。

「目の下のクマ」も同じく医学的にはなく、感情的なものです。

自分の肌はくすんでいると思えば、くすんでいるとなります。

感情としてついている現象です。

強いて言えば、色素細胞の働きが変わって、皮膚の表面にあるぼこぼこが真っ平らになって質感が変わることをくすみと捉えていることが多いのかなと思います。

例えば、果物を放置すると、だんだんとしぼんできます。

人間の肌もそれと同じで加齢とともに同じようなことが起こりま

す。

そういった意味で、くすみの予防は根本的には3つです。

①「こまめな水分補給」②「保湿」③「規則正しい生活をする」

といった肌にとって良いことを継続するのが大切です。

くすみを気にしてしまう気持ちは分かりますが、医学的には定義がされていないもので、感情で生まれている現象だと認識しておいてください。

くすみは気にしすぎずに「当たり前のケア」に、力を入れていきましょう。

POINT

くすみの対策もシミ対策と同じ。水分補給や保湿に気を使いましょう。

QUESTION
16

ほうれい線が気になる時どうすればいい？

A. できてしまったものは美容医療に頼る

B. できてしまったものは保湿で治す

ANSWER ○

A. できてしまったものは美容医療に頼る

ほうれい線を予防することはできる

ほうれい線が深くなっていくことを予防することはできます。シワなどと同じく、保湿とUV対策をすることが最適な方法です。ただし、正直に言いますと、できてしまったものをホームケアで治療するというのは残念ながら難しいのです。

食事、化粧品、ホームケアなどでは基本的にどうすることもできないのが現状であり、治せると断言しているものは基本的に嘘かなと思います。

YouTubeなどの「ほうれい線はこうやったら完全になくなりますよ」「骨膜はがし！」などという動画は夢を逆手にとって商売しているところが多いです。

現時点でほうれい線を治療しようとなると、メディカル、美容医療のアプローチしかありません。

実際に治療をする際は、**「侵襲度」が低いもの**から始めることをおすすめします。つまり生体を傷つけるレベルが低いものから実施してみることです。

お手軽なのは、コラーゲンやヒアルロン酸の注入などでしょうか。低い順に並べると、ハイフ↓肌の再生医療（部位による）↓ヒアルロン酸の注入↓埋没糸↓切開リフトになると思います。

侵襲度の高い低いは、ダウンタイムの長さとも比例します。侵襲度の高い、切ったり貼ったりするような手術をファーストチョイスにしてほしくありません。

なぜなら、再手術は非常にやりにくく、難易度がすごく上がるからです。

そういう点で、もしほうれい線が本当に気になるのであれば、侵襲度の低いところから試してみるのも1つのチョイスだと思います。

POINT

ほうれい線は、メディカル的なアプローチで消していくのが、現在の治療法になります。

QUESTION
17

イボができそうな時の対策とは？

A. すぐに薬を塗りこむ

B. 生活習慣を見直す

ANSWER ○

B. 生活習慣を見直す

4つのイボ対策

結論から言うと、自宅でできるイボ対策は**①規則正しい生活を送る②皮膚への刺激を少なくする③保湿をする④紫外線を浴びないの4つ**です。

イボができてしまう原因は大きく分けて2つあります。1つはウイルス性のイボヒトパピローマウイルスというウイルスです。それによって、発症したりしなかったりということが繰り返されます。ウイルスというのは非常に厄介で、治ったと思ってもどこかに潜んでいるみたいなものが、ウイルス性のイボですね。あとは痛いイボだったら「帯状疱疹」みたいなものも神経に潜んでいて、口の周りにプツプツとでき、すぐ戻るような痛いイボもあります。

それからもう一つは、皮膚・角質のいわゆる表皮部分が形成不全みたいな状態になって膨らんでしまうイボもありますね。良性腫瘍の1種なんですけれども、スキンタッグ・軟性線維腫と言ったり、老人性疣贅と言ったりします。また、ガン物質の日光角化症みたいなものもイボの一つですね。自宅でできるものとして一番有名なのがハトムギを飲む・ハトムギ化粧水をつけるということなんですけれども、これはハトムギの中に含まれるヨクイニンという成分が、ウイルス性のイボに対して有効なので、一応エビデンスはあります。ですが、ヨクイニンでイボを取ろうとすると、ハトムギ茶を毎日10〜20L飲まないといけません。そういう観点から見ると、ハトムギを飲んでもイボには効かないという話になります。ウイルス性のイボができないようにするには、規則正しい生活を送ることが重要です。また**皮膚に対する刺激を少なくする・保湿する・紫外線を浴びないというのも1つの対策**かなという風に思います。そしてもしイボが既にできてしまったら、ホームケアでは対処できませんので、美容医療、メディカルに頼って解決するのが手っ取り早い方法となります。

POINT

①規則正しい生活を送る②皮膚への刺激を少なくする③保湿をする④紫外線を浴びないの4つを守ろう。

QUESTION 18

ボディケアとして間違っているのはどっち？

A. 入浴後のボディクリーム

B. 温泉でのアカスリ

ANSWER ○

B. 温泉でのアカスリ

最高のボディケアは「風呂に入らない」

人間の身体は入浴を前提に考えられていません。

ここ100年くらいで入浴が根付いてきただけのことです。

お風呂に入るというのは、身体を石鹸で洗う、入浴などで外的なバリアを保護しているモノをはがし落とす恐れがあります。

そして、より乾燥、かゆみがひどくなっていくのです。

最良のボディケアは、「自分自身の角質層を使う」ことです。

入浴や石鹸で落としてしまわないことが大事です。

もちろん清潔感は大事です。ただし清潔を手に入れるのと引き換えに、角質層を剥ぎ落としています。

何もお風呂に入るなとは言いません。私も入っています。

お風呂に入る時に気をつけることは、不用意に身体をこすらないことです。**身体を洗う時もタオルではなく、手で行うことをお勧め**

します。

もちろん、温泉でのアカスリなどもおすすめできません。

汗をかいたり、不快な状態はあるでしょうから、お風呂には入り、入浴した後には必ずボディケアをすることが大事です。

その時も**自分自身に合った心地のいいボディクリームや化粧水**を使うのが最善です。

私の場合は、夏はキュレルのスプレー、冬は乾燥がひどいのでウレパールを使うこともあります。

人はいつしか入浴が習慣になったから、そのぶんトラブルも起こるのは当然なのです。

そういう本質を理解したうえで、自分のボディケアを見つければいいと思います。

POINT

自分自身の角質をこそげ落とさないように、刺激の少ない入浴を心がけましょう。

QUESTION 19

「頭皮ケア」で正しいのはどっち?

A. 毎日のシャンプーで清潔な頭皮を保つ

B. シャンプーは毎日使う必要はない

ANSWER ○

B. シャンプーは毎日使う必要はない

洗いすぎで頭皮の角質や油膜をはがし落とさないこと

40代以降は抜け毛も気になってくる方が増えて、「頭皮のケアをして抜け毛の予防をしたい」という方もいらっしゃるかと思います。**頭皮を健康に保つために一番重要なことは「洗いすぎない」**ことです。そもそも頭皮というのは顔と同じ一つの地続きの皮膚なんですね。肌のケア同様、過度に皮脂を取り除きすぎないのが重要です。シャンプーをガシガシ行うと、頭皮の角質がはがれ落ちたり頭皮の油膜がはがれ落ちたりしてしまうので、あまり良くないんです。汚れが詰まって不快な感じがすれば、汚れは適度に取ってあげるということで十分です。

では、洗いすぎないで汚れを取るにはどうすればいいのか。実際に私が行っている方法をご紹介します。シャンプー自体は2日～3日に1回ぐらいにします。フケが出てきたり、頭がかゆいなどの症状が出たりした時には、湯シャンだけにして頭皮をそっと保つということをします。**お湯だけでも、頭皮の汚れは簡単に流し落とせます**。逆に、フケが出た時やかゆい時は、頭皮が汚れていると思ってしまい勢いよく洗いがちですが、肌のバリア機能が衰えている状態ですから、これはかえってNGです。頭皮を安静に保つために、湯シャンを2〜3日やるというのが良いでしょう。

ただ、湯シャンだけでは清涼感を得られないし、何となく気持ち悪い感じがしますので、シャンプーも少量使っています。ワンプッシュではなく、1プッシュの1／4くらいの量を水でいっぱいに伸ばします。それでフケが出るというようなことも無いですし、洗った感じもあります。**少量かつ低刺激のシャンプーを使い、肌トラブルが出たら湯シャンで安静にするというのが良いかと思います**。「フケ・かゆみが出る＝頭を不潔にしているから」という認識は誤りです。

POINT

頭皮にかゆみ・フケが出た際には湯シャンにしましょう。毎日シャンプーしなくても汚れは十分に落ちます。

リップケアで
より良いのはどっち？

A. 胃の調子を整える

B. 保湿を心がける

ANSWER ○

A. 胃の調子を整える

唇は皮膚ではない

皆さん、唇は顔の一部であり、皮膚であると認識しているかもしれません。

でも実は違います。

唇は一筆書きでいくと、胃袋に行って、そこからお尻の穴まで出てくるんですね。

唇から胃袋、お尻の穴までは消化管上皮とされています。胃袋の表面を覆っているものは、皮膚ではありませんね。

実は唇は、バーミリオンボーダー（唇の赤い部分と肌色の部分の境目）というところから、胃とか腸とか食道とかと同じもので消化管上皮になります。

バーミリオンボーダーで白っぽく見えるところが皮膚と消化管のつなぎ目です。

ですから、**皮膚を整えるという考え方ではなく、「胃の調子」を整**

える必要があります。

ただし、**消化管上皮はターンオーバーがすごく激しいので、唇のガサガサなどはある程度はほっといても自然に治ってくるものです。**

唇が乾燥しやすい方は、薬用リップを使用してもらえれば日々のケアはそれくらいで十分良いのかなと思います。

私も特に唇が乾燥しやすいので、メンソレータムの薬用リップは手離せませんし、冬になると毎日、乾く前に塗っています。

口内炎ができる理由はよくわかっていませんが、やっぱり胃の調子が悪かったりするとできたりします。

唇がかさついている時、不調の時は、胃から整えるのが良いでしょう。

POINT

唇は皮膚ではないため、胃から整えることを心がけましょう。

QUESTION 21

髪の艶を出したり いい状態にするためには 何をする?

A. 毛皮をメンテナンス するように扱う

B. 海藻類をよく摂取する

ANSWER ○

A. 毛皮をメンテナンスするように扱う

髪の毛は生物反応がない

髪の毛は完全に生物反応がないので、ヘアケアに関しては皮製品や毛皮をメンテナンスするような感覚で行いましょう。

一番のケアは、**髪の毛を洗う時には地肌だけ丁寧に洗うようにして、頭皮の汚れを取るようにすること**です。

髪の毛をゴシゴシと洗って頭皮に刺激を与えすぎないことが大事です。

毛の部分は生命反応がないところですから、あとはどんどん経年劣化していくだけのものです。大事に大事に使ってあげるということが基本だと思います。

女性は長い髪でしたら、ケアは大変かと思います。

トリートメントをするのはキレイに保つために大事ですが、これも地肌には刺激を与えないようにしましょう。

トリートメントをするにしても地肌に対して刺激があるものも多

くありますので、地肌にはつかないように気をつけながら髪の毛をメンテナンスしてください。

あとは、**肌と同じでできるかぎり髪への摩擦は避けましょう。**

寝る時にシルクの枕カバーを使ったり、シルクのヘアキャップを使用するというのも一つの手ですね。

もしも一度髪が傷ついたり、枝分かれしたりしたらもう修復は難しく、髪にダメージが入りすぎている場合は、残念ながら切るしかありません。

今ある髪の毛を大事にしたい方は、毛皮をメンテナンスするようなイメージを持つことが大切です。

摩擦は少なく、刺激は少なく、大事に取り扱いましょう。

POINT

髪の毛は生体反応がありません。毛皮をメンテナンスするイメージで大事に取り扱いましょう。

QUESTION 22

40代以降で より大切な肌のケアはどっち？

A. 保湿力の高い エイジングケア化粧品を使う

B. 自分に合っているなと感じる化粧品を使う

ANSWER ○

B. 自分に合っているなと感じる化粧品を使う

インナーケアは体型維持だけ考えればいい

40代以降でも肌がきれいな人が当たり前のようにやっているエイジングケアを4つ紹介しようと思います。

一つ目は、角質ケアです。これは必要です。角質と真皮が明らかに違うところは「角質は死んでしまっている」ということなんですね。髪の毛は死んでいてもトリートメントをしますよね。そうしないと綺麗を維持できません。

角質ケアとは角質をこそげ落とすことではなく、大切に角質を使用するということです。皆さんは「角質ケア＝角質をこそげ落とす」と誤解することが多いです。ではどうするかというと、「自分に合った」スキンケア用品を使うことです。それからそこに「薬理効果を求める」ということはしない方がいいと思います。

次にクレンジングですが、基本的に角質を破壊する「悪」という風に思った方がいいです。クレンジングを使わなくていい状況であれば、使わない方がいいです。角質は、とても大事で人間の鎧みたいなものですから、それを剥ぐのはダメです。人の皮膚の鎧みたいな部分を、クレンジングは全部剥がして持って行っちゃいますから、**基本的にクレンジング・ピーリングは「悪」です**。

今度はインナーケア、体型の維持についてですね。体型に気を使うとそれだけで、腸内環境も整いますし、オーバーカロリーもしない、偏った食事もしないと思います。**インナーケアは体型維持だけ考えればいいです**。それ以外のビタミンとかは全て忘れてください。

一番最後はシンプルにUVケア（紫外線対策）に気をつけてください。日焼け止めに関して、まずは、本当に何を使用してもかまいません。やっていない方は、必ずやっていただいた方がいいと思いますが、自分が使い勝手がいいなと思うものを使ってください。

POINT

角質ケア、クレンジングの仕方、紫外線対策に気をつけましょう。

Column

肌の専門家が愛してやまないスキンケア化粧品

私が愛用している化粧水は、**キュレルの『ディープモイスチャースプレー』**です。

私のYouTubeチャンネルでも何度かご紹介しているのですが、決して案件ではありません。正直に申しますとこのスプレーが万人にとってベストではないと思うのですが、私にとって圧倒的に使い勝手がいいんですよ。

私はもともと軽度のアトピーがあり、乾燥して、粉が吹くということもよくありました。ですから尿素配合のクリームを使ったり、ヒルドイドを使用したりもしていたのです。それらは、もちろんかゆみを取ることなどに関しては優れているのですが、塗るのに時間がかかるのとベタつくのが嫌でした。

その点、キュレルのスプレーは10秒ほどで吹きかけて終わるからとても楽で、顔以外にも背中、足など全身に塗るのに便利です。また逆さにしても、ちゃんと最後まで出て便利です。塗った後もべたつくことはありません。

風呂上がりなどに「今日は塗るのが面倒だからいいや」というのがなくなりました。

総合的に考えると私はこれが好きで、常に買いだめしています。

私が選ぶ基準は、「保湿ができている」が絶対の基準。次点で「使いやすさ」です。

そのバランスで、これがベストかなと思っています。あくまで私のおすすめで、人によって使いやすくて保湿ができるものが見つかればそれが一番良いと思いますね。

QUESTION 23

ワセリンの塗り方として正しいのはどっち？

A. 手のひらをそっと顔に当てるように塗る

B. 顔全体に行きわたるように塗り伸ばしていく

ANSWER ○

A. 手のひらをそっと顔に当てるように塗る

ワセリンを塗る時の注意点

ワセリンを使用する際には、塗りすぎるとかえって乾燥してしまうので、**米粒大程度**を手に取るようにしましょう。麺棒やスパチュラを使用するのもいいでしょう。

塗り方で気をつけていただきたいのは、直接顔に塗らないこと。**一度手の平に取ってこすり合わせやわらかくなじませてから、顔へ塗っていきましょう**。

そして、手の平をそっと顔に当て押さえるようにして優しく塗っていきます。ワセリンは伸びが悪く、塗り伸ばそうとすると肌に負担がかかります。肌トラブルの原因となりますのでやめましょう。

かさかさとしている唇にもワセリンは有効です。乾燥した時、寝る前に少量塗ってケアするなども良いでしょう。

POINT

一度手の平に取ってこすり合わせやわらかくなじませてから顔へ塗るのがポイントです

QUESTION 24

乳液の選び方はどっち？

A. 乾燥がひどい時は クリームを使う

乾燥には
クリーム
よね！
乾燥でヒリヒリな肌
Cream

B. 使い心地がいいもの を選ぶ

使い心地
最高♡
スーッ

ANSWER ○

B. 使い心地がいいものを選ぶ

乳液もクリームも成分は同じ

乳液とは何でしょうか。簡単に言えば、乳化させた水と油のことです。乳化とは水と油のように本来は混ざり合わないものが、均一に混ざり合うような状態のことです。水と油を同じ容器に入れると必ず分離しますすね。そこで水と油が共存するには、「乳化」が大事になります。肌の角質には油が入っています。水は肌に浸透しませんから皮膚になじませるためには、「乳化」が大事になります。

乳液とクリームはほぼ成分は同じで、乳化させた水と油のことです。乳液でも、クリームでも、使用するのはどちらでも結構です。成分は同じなので、基本的には自分が使い心地がいいものが原則です。季節によって心地よいものを選ぶなどでもいいでしょう。**肌の水分と油分のバランスを保つ**。その本質を知っておくことが大事です。

POINT

自分が使い心地の良い乳液を使用するようにしましょう。

Chapter

2

40代の壁を乗り越える 食事

QUESTION 25

エイジングケアに効果的なサプリメント服用のやり方はどっち？

A. 日常的に服用し続けることが重要

B. 補えない時に短期的に飲むのが重要

ANSWER ○

B. 補えない時に短期的に飲むのが重要

サプリメントはあくまで「食品」です

エイジングケアのための正しいサプリメントの服用の仕方は、**食事から思うように栄養が摂れない時に一時的に摂取するというのが適切な方法**です。

サプリメントと聞いて、皆さん何を思い浮かべますでしょうか。タブレットやカプセル、粉末状態になっていて、到底食品とは連想できない、むしろ「薬」みたいなものを連想すると思います。

はっきりと申し上げますと、サプリメントの形態は薬理効果を持つ薬と非常に似ていますが、「あくまでも食品」ですので薬理効果は一切ありません。

サプリメントというと、先入観で薬剤なのではないかという風に考えてしまう方も多いのですが全くの別物です。

では**サプリメントは何かというと、「栄養機能食品・栄養補助食品」ですので、あくまで「食品」**です。その辺りは勘違いしないように気をつけましょう。

ではどういった時に摂取するのがいいか。それは、「食べ物から特定の栄養素を摂るのが難しい時」に使用するのが最善です。

例えばダイエット中で食べ物が制限されている時など「思ったように栄養が摂れない」「栄養が偏っている」といった時に、仕方がなく短期的にこういったサプリメントなどの栄養補助食品から補うのがいいでしょう。

何らかの理由で食事制限をして小食である場合などには、サプリメントの力を借りるということはいいと思います。

年齢を重ねるとどうしても食が細くなってくる、筋肉量が減ってくるということもありますので、色々な状況に応じて服用するのは問題ないと思います。しかし、恒常的に飲んで美肌を目指すという発想はやめたほうがいいでしょう。

POINT

サプリメントは、「栄養機能食品・栄養補助食品」。薬のようなものと誤解しないようにしましょう。

QUESTION 26

美肌のために食事の時に重視するべきことはどっち?

A. バランスを考えながら食べる

B. 美容ドリンクや コラーゲンを摂取する

ANSWER ○

A. バランスを考えながら食べる

皮膚科の病気で食事療法というのはない

「美肌のため」という観点では、食事の時にこの食材を絶対食べましょうと言い切れるものはありません。

「食事ってどうしたらいいんですか」とよく聞かれます。

しかし、皮膚科で扱う病気では、食事によって何か疾病をコントロールするというのはほぼ否定されています。ニキビの時に脂っぽいものを取っちゃダメというのもほぼ否定されています。皮膚科の病気で食事療法というのはないんですね。

ただ、生活習慣病、糖尿病とか高血圧とか腎臓病の時の食事療法というのは存在します。

スキンケアのためのいい食事というのは基本的にはないと考えておりますが、全身的な健康を守るための食事ということでの推奨としては、実は厚生労働省や農林水産省の方でも指針を出しています。

厚生労働省と農林水産省が共同で策定した「食事バランスガイド」という資料が参考になるかと思います。

基本的には日本人は緑黄色野菜が足りていない。それから、カロリー過多になりがちですね。何度か触れましたが、たんぱく質を意識的に摂取するのも大切だと思います。

結局は、炭水化物、脂質、たんぱく質を適度にバランス良く緑黄色野菜を摂る。当たり前ですが、それが大事です。

やはり全身の栄養バランスが良くなることによって、結果的に皮膚の状態も良くなるという風に考えております。

健康体を保つことが、美肌になります。当たり前のことを当たり前に行うことが大切です。

POINT

美肌のために栄養ドリンクを飲むというのは避けて、栄養バランスを考えて食事をしていきましょう。

QUESTION 27

ナッツは美容に効きますか?

A. ナッツは摂れば摂るほど美容効果が期待できる

B. ナッツは脂質が高いから食べすぎると太る食材になる

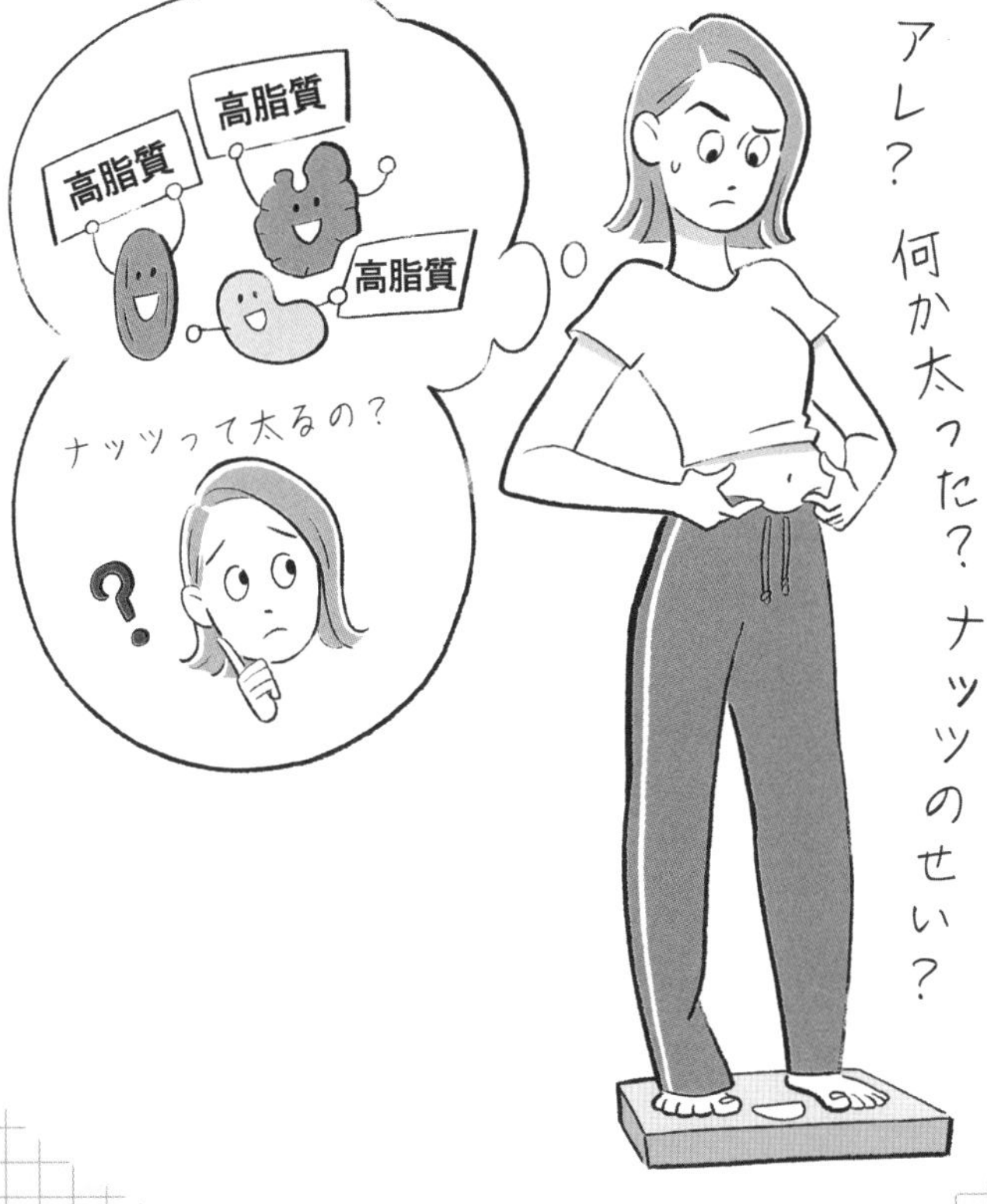

ANSWER ○

B. ナッツは脂質が高いから食べすぎると太る食材になる

肌にとって最悪な食べ物も最高の食べ物もない

結論から言いますと、節度と自制心をもって食べれば、最悪な食べ物はありません。皆さん、「ジャンクフード、清涼飲料水・スナック菓子や、カップ麺は、悪い！」「ナッツやドライフルーツは美容に良い！」と何となく思われていると思います。

ただ私は、ある特定の食べ物の良し悪しは言いません。

なぜならば、**健康にいいと思われているものでも、何事も摂りすぎは良くないからです**。食べ続けたり大量に摂ったりしてしまうと、どんな食品もカロリーオーバーするなどの悪いことしか起きません。

ジャンクフード・清涼飲料水・スナック菓子や、カップ麺は健康に良くないという認識は良いと思いますが、一口もらったり、たまに食べるのもダメ！みたいなモノでもありません。もちろん、毎日食べたり、摂りすぎるのはダメだと思っています。

また、**ナッツやドライフルーツをダイエットに良いからという理由で食べ続けてしまうと、カロリーオーバーでぶくぶく太っていきます。**こういうような一点集中で考える思考はやめて食べたいものを適量に食べていくというのが良いでしょう。

避けたほうがいい、美容・健康に悪さをするというのは、確かにジャンクフード・清涼飲料水・スナック菓子・カップ麺などだと思います。しかし、こういうものを名指しで批判するのではなく、上手く付き合っていくことが重要です。逆にナッツ＝美容にいいという、一つの視点からの見方は逆に危険かなと思います。もちろんこれらは食物繊維やナイアシン、ビタミンなどの美容にいい成分も含まれていると言いますけれども、それらは薬ではないので、美容効果を期待して食べるみたいな思考は良くないかなと思います。節度と自制心をもって食べれば、食べてはいけないものはありません。

POINT

「この食品だけをたくさん食べる」など食品を偏って摂るのはやめましょう。

QUESTION 28

医者が絶対買わないものはどっち？

A. コラーゲン配合ドリンク

B. 高価な化粧品

ANSWER ○

A. コラーゲン配合ドリンク

医者が買わないもの・やらないこと5つ

結論から言うと「一部のサプリメント、美容液、ダイエット、風邪薬、食品で化粧品を作る」といった5つは絶対にやりません。

1つ目はサプリメント（特にコンドロイチン硫酸・グルコサミン・コラーゲン配合）です。サプリメント全てがダメなことはないのですが、コンドロイチン硫酸配合のサプリメントは飲みません。コンドロイチン硫酸というのは軟骨の組織の一部ですので、そういうものを飲んで、膝・腰の痛みを治すというものですが、医者はそういった目的ではまず飲みません。同じようにグルコサミン。医者に相談したら100人いたら100人の医者は「お金の無駄だからやめとけ」と言うと思います。あともう一つはコラーゲン。コラーゲン配合ドリンク・美肌ドリンク等ありますが、コラーゲンは食べたり飲んだりしても効果は期待できません。

2つ目は美容液（薬理効果としてのシミ・リフト効果等）です。全てではなく「シワを取ります」「クマを取ります」「リフトアップ効果があります」等の薬理効果を謳っている美容液は買いません。

3つ目はダイエット（糖質制限）です。ダイエットの中でも特に糖質制限はやりません。エネルギーの代謝系が狂ってきますので、ケトン体が出てケトアシドーシスみたいな感じになってきます。そのような危険なダイエットはやりません。

4つ目は風邪薬（総合感冒薬）です。ほとんどの医者は風邪ひいた時、風邪薬を飲もうとは思いません。ただ対処療法としての風邪薬は飲みます。例えば解熱剤、頭痛薬、喉去痰剤は飲みます。何でも効くみたいな風邪薬は存在しないのです。

5つ目は食品で化粧品を作るです。例えば、米麴・蜂蜜・アマニ油・アロエ等。肌トラブルを起こす可能性があります。以上の5つはほとんどの医者がやりませんので、覚えておいてください。

POINT

医者がやらないのには明確な理由があります。ロコミなどに惑わされないよう注意しましょう。

QUESTION

29

日々、意識的に摂取したほうがいいのはどっち？

A. プロテインでたんぱく質を意識する

B. サプリメントでビタミンを意識する

ANSWER ○

A. プロテインでたんぱく質を意識する

たんぱく質は蓄積できないうえに常に分解され続けている栄養素

初めに、基本的に食事はバランスが重要です。特定のこれがいいという食事はありません。ただ若々しくいるために**「不足させてはいけない栄養素」**というのはたんぱく質です。ビタミンを含んだ食材は多くあまり不足することがありませんが、たんぱく質は意識的にとらないとどちらかといえば不足しがちな栄養素です。

私たちの筋肉・臓器・肌は、水分とたんぱく質でできています。ですので、不足してしまうと体は良好な状態が保てなくなります。なかでも**たんぱく質というのは炭水化物・脂質と違って、「体に貯蓄できない、食べ溜めできない」栄養素**です。糖質は糖が脂肪に変わり、皮下脂肪として蓄えられます。また脂肪は、分解されて「糖新生」という現象を起こし、エネルギー源として使われます。このように、糖と脂肪は体に蓄積することができ、必要な時に使用できるのです。ただ、たんぱく質は蓄積できないうえに、常に分解され続けている栄養素です。不足してしまうと、爪が割れたり皮膚がガサガサになったりする場合もあります。ですので、常に体内に取り入れてあげることが重要です。 では何から摂るのが良いのかというと、食事です。たんぱく質は**自分の体重1kg当たり1g程度を毎日摂る**のが良いとされています。私の場合は70kgですので70gほど必要です。ただ、体重分のたんぱく質を摂るのは中々大変ですし、年を重ねると糖質・脂質を多く摂りすぎてしまい、かなり難しいです。そういう時は、プロテインドリンクなどで補ってあげるのが良いでしょう。基本的にはお肉やお魚から摂り、足りなかったり難しかったりしたら、プロテインを摂っていきましょう。

皮膚も体の一部です。体の中の健康を気をつけることで、皮膚の状態も自然と良くなります。

POINT

たんぱく質が不足しがちな人は、意識的に食品から摂るところから始めてみましょう。

QUESTION 30

たんぱく質は摂りすぎても大丈夫？

A. オーバーすると体に悪い

B. 多少のオーバーは気にせず飲んでOK

ANSWER ○

B. 多少のオーバーは気にせず飲んでOK

常識の範囲内で摂取すれば問題なし

たんぱく質は、筋肉や臓器の他、肌や爪、髪の毛などの体のあらゆる部位を構成していますので、不足してはいけない栄養素です。たんぱく質は体に蓄積できませんから、食事で摂るしかありません。しかし食事で摂れないならプロテインを活用しながらたんぱく質を積極的に摂取することが大事です。おおよそ自分の体重1kg当たり1g程度が目安です。

私は小食でたんぱく質は意識しないと摂取できない量なので、サラダチキンやザバスのプロテインを愛用しています。プロテインの最大の効果やメリットは、カロリーオーバーにならずに効率良くたんぱく質が摂取できることです。

よく、たんぱく質の摂りすぎと、腎臓病との関連を指摘する人もいらっしゃいます。でも**常識的な範囲内でプロテインを摂る分には全く問題がありません**。たんぱく質が代謝されると、老廃物として尿素窒素が出ます。腎機能が悪いとその尿素窒素が排出されずに血液中の尿素窒素の量が増えてしまうという事実がありますが、**たんぱく質を摂りすぎて腎機能障害になるというのは全くのデマです。**

もちろん1日に1kgほどのたんぱく質だけを摂っていたらそれは分からないですが、普通の食事をしている分には問題ありません。

食事によって病気になるというのは確かにあります。例えば脂っぽいものばかり食べていると高脂血症になるとか、カロリーをいっぱい摂りすぎると糖尿病になるというのがありますが、腎臓病と食事との関連というのはあまり指摘されていないんですね。

たんぱく質は、多少のオーバーは気にせずOKです。基本的に年を経ると小食になる方が多いから、たんぱく質を意識した食事をする。そして足りないようならプロテインを飲むということをおすすめしたいと思います。

POINT

プロテインも活用しながら、たんぱく質を摂取しましょう。

QUESTION 31

「間違ったアンチエイジングの食事法」はどっち？

A. 糖質制限は老化とは関係ないのでやらない

B. 若返りサプリを使用する

ANSWER ○

B. 若返りサプリを使用する

間違いがちなアンチエイジング法3つ

結論から言うと、間違っているアンチエイジング方法とは糖質制限、化粧品信仰、若返りを謳うサプリ、これが主な3つです。

まず糖質制限に関してですが、糖は三大栄養素の一つで毒ではなく必要な栄養素です。なぜ多くの人が糖質カットを謳うのかというと、恐らくAGEs（最終糖化産物）から来ているのではないかと思います。確かに「最終糖化産物＝AGEs」は、細胞毒性があって老化を早めることに関しては異論はないです。ただ、**「糖そのものが老化を早める」というエビデンスはどこにもありません**ので、制限すれば老化を遅らせることができるなんてことはありません。

2つ目に、過度な化粧品信仰はやめてください。化粧品の値段がいくら高いからといって、肌に悪くないとは限りません。ましてや、かぶれてしまったり炎症がある時に使ってしまうとパンパンに腫れてしまいます。化粧品は、肌のバリア機能が正常の時に使うことで、化粧品としての効果を発揮するので、これが壊れている時に塗りこむのは肌にとって良くないです。**肌のバリア機能が壊れているのにもかかわらず、化粧品で治そうとすることはやめましょう。**

最後は、アンチエイジングを謳った若返りサプリについてです。あるサプリメントがサーチュイン（長寿）遺伝子に働きかけて、エイジング（加齢）を疎外することが、動物実験を含めてわかっています。では、それらを飲んだり点滴したりしたらアンチエイジングになるのか。この考え方はダメです。

「限定的な環境での実験結果」なので、**人体のように複雑なところに投与しているわけではないので、根拠がありません。**ネットなどで出回っている情報を鵜呑みにしないで、正しいアンチエイジングについて考えていきましょう。

POINT

間違った情報で肌トラブルを引き起こさないように気をつけましょう。

Column

実際、芸能人は肌が綺麗なのか

結論としては年相応で、飛びぬけて美肌というわけではないと思います。

私自身も弊社の発行している専門誌などで何十人も女優さんやアナウンサーさんと対談して至近距離でお会いさせていただいています。

よく間違いがちなのが、芸能人はお金を持っているから、シークレットな情報網から特別サービスを受けられると思っているかもしれませんが、そういうのは**都市伝説**と言ってもいいと思います。

芸能人を実際に見て、感じたカラクリは**「メイクとライティング」**の２つだと思います。

雑誌やテレビでは、基本的にはメイクの技術やライティングの技術で、１０歳～２０歳も若く見えると思います。

ただやっぱり、骨格が綺麗だなと思うこともありますし、所作や仕草が美しく体型もすらっとしていて、**全体から漂っている雰囲気が綺麗**というのはあります。

そこにメイクとライティングが加わると、相当に若く見えてきます。

だから特別、美肌というのはなく、特別なルートがあるかないかというのも都市伝説レベルと断言していいです。

Chapter

3

40代の壁を乗り越える生活習慣

QUESTION 32

より日焼けしやすい場所はどっち？

A. 砂浜

B. スキー場

ANSWER ○

B. スキー場

地表面で反射された紫外線も浴びている

屋外にいる人は、上空からの紫外線を浴びるだけでなく、地表面で反射された紫外線も浴びています。

実際に浴びる紫外線量には地表面での紫外線の反射する割合も考慮に入れましょう。

雪上は、紫外線が上からも下からも来ますので真っ黒に焼けます。草地やアスファルトの反射率は10%もしくはそれ以下ですが、砂浜では25%、新雪では80%にも達すると言われています。

冬のウィンタースポーツこそやはり日焼け対策をやったほうがいいかなと思います。もし、日焼けしてしまった場合のケアとしては、すぐに「冷やす」しかないですね。化粧水をつけるのはやめてください。化粧品に薬理作用は無く、逆に悪化を引き起こします。

あとは、一番いいのが日焼けをしてしまって一度熱症ぐらいになって痛いとか、ひりひりするぐらいまで日焼けしてしまったのであれば、皮膚科に行ってステロイドのスプレーをもらって熱症を治すということも一ついいと思います。薬局でステロイドを含んだスプレーなどが医薬品として売っている場合もあるかもしれません。

日焼けによって黒くなる理由は、表皮の皮膚角化細胞とその隣にある色素細胞の働きの色素沈着が表皮に限定して起こっているからです。それをターンオーバーで剝がれ落ちていって、夏に焼けた場合は冬頃にはまた白くなります。

日焼けしてしまった時、一番やってはいけないのが抗炎症作用のある化粧水をつけることです。ひりひりするけど、つけ続けるというのはやめた方がいいです。ひりひりしてしまい、肌への刺激があるだけで、化粧品には抗炎症作用という薬理作用はありません。抗炎症作用という薬理作用を求めるのであれば抗炎症の薬を飲むとか、ステロイドのスプレーをするとかそういうような方法になりますね。

POINT

下からの紫外線にも気をつけて。日焼けしてしまった後の対策を間違わないように注意しましょう。

QUESTION 33

どっちの運動がより美肌におすすめ？

A. 有酸素運動

B. 筋トレ

ANSWER ○

B. 筋トレ

有酸素運動のやりすぎは良くないとは言われている

日常生活で運動をするっていうのは直接的に美肌とは結びつかないと思いますが、運動をすることによって、普段の動きとか姿勢とか体型とかトータル的に若く見えるので目的としては同じことだと思います。

肌のことだけを考えてお話しますと、厳密にいえば有酸素運動のやりすぎは、フリーラジカルを発生させ老化を促進させるので長時間行うのはあまり推奨できません。

ですが、**フリーラジカルが発生して悪さをするというのは1日4~5時間ほどですので、極端に気にする必要もないでしょう。**

運動しないことの方が不健康で、やはり使わないと筋肉がどんどん衰えてきます。

そうして老いることによって、旅行ができない。

歩くことができない。

走ることができない。

運動不足によって動けなくなったり、楽しいことができなくなったりします。

QOLを高めるのが目的であれば、運動が好きならどんどんやればいいとも思います。

極端に肌に影響を及ぼすものではありませんので、2択でどちらかといえば筋トレということをお伝えしておきます。

POINT

肌に大きなダメージを与えるわけではないので、運動が好きであれば気にしすぎる必要はないでしょう。

QUESTION 34

「老化しないために」投資してもいいことはどっち？

A. エステ、ジム、高価な化粧品

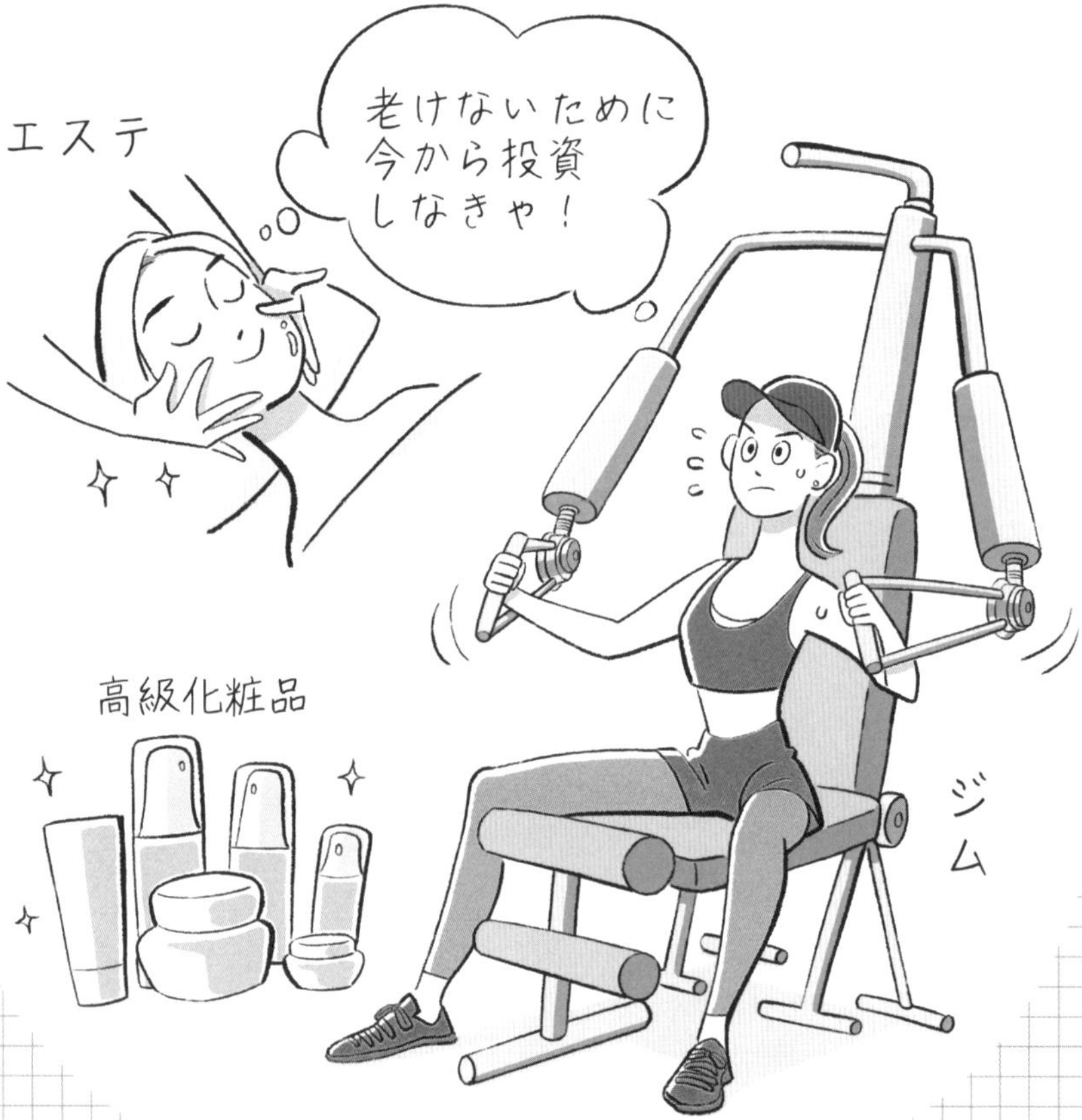
エステ
老けないために
今から投資
しなきゃ！
高級化粧品
ジム

B. 複数のサプリメント服用

ANSWER ○

A. エステ、ジム、高価な化粧品

「当事者意識」を上げることが実は一番重要

美容外科や美容整形、美容皮膚科への投資は外しておいて、普段の習慣として投資して良いものについてご紹介します。

私は、エステで整えること、ジム・ヨガなどの運動習慣にお金をかけて習慣化してもいいと思いますし、化粧品も高価なモノに投資するというのも全然問題ないと思います。

なぜなら**投資することで自分自身のモチベーションというか当事者意識が上がってそれが継続できるのであれば、そこに投資する価値があるから**です。ただし、高価な化粧品に「お金をかけなさい」ということではありません。むしろ高価な化粧品は薬理学的、医学的に「老化」とは関係ありません。

より当事者意識が高められる・モチベーションが上がるといった目的で自分が好きで取り入れるのがいいと思います。

次に食事についてです。食事は一番いいものを食べようと思ったら旬のものを食べろというのは昔から言われていますよね。その季節のものは一番安くて美味しいものです。ですから何を食べるとか有機無農薬を食べろということは言いません。**旬のものを安く美味しく食べるというのが、健康の面では一番いいと思います。**

サプリメントは食事制限などで栄養が摂れない時に摂取するのはいいと思います。ただ食事制限していないのであれば、摂る必要は全くありません。ビタミンなどは基本的に欠乏することはありません。ただ何らかの理由で食事制限をして小食である場合は、サプリメントの力を借りるということはいいのではないでしょうか。

個々人の「美容に対する当事者意識」の有無が老化を決めるともいえます。投資をするなら当事者意識を高めるようなアイテムや体験のために使うのが一番いいですね。

POINT

「自分のモチベーションや意識が上がるか」を大事にして、投資するものを見極めましょう。

Column

徹夜すると頬がこける
寝すぎると瞼がパンパンの謎

徹夜で長時間作業すると、朝には顔がやせこけたように、干からびたようになることがあると思います。それは顔の水分が足の方に行っているからです。

逆に寝すぎると、瞼がパンパンになるのは、寝すぎると足の水分が顔に行くからです。

人はどうしても重力の影響を受けるので、足に水分が行きがちです。

それで顔が老けてみえる場合もあります。

ずっと重力の影響を受けるとふけてみえますから、それを受けない状況を作ることが大事です。

まずは適度な睡眠です。ショートスリーパーは顔の水分が落ちやすいと思います。

また、筋肉の収縮が大事です。つまりは運動を習慣にすることです。

リンパの流れを良くすることで、重力で落ちたものを全体に行き渡らせるのです。

最後によく水分を摂ることです。

カフェインは水分をだしてしまいますので、できる限りカフェインがが無いものを飲むようにしましょう。

QUESTION 35

「実年齢を若く見せる」のはどっち？

A. 肌が引きあがっている

B. 体型を維持している

ANSWER ○

B. 体型を維持している

全体の雰囲気で決まる

体型を保つだけで、10歳くらい若く見えるものだと思います。例えば、重力の影響によって上の方のボリュームが下に落ちてくると、目の下のクマやほうれい線が深くなって、年をとって見えると言われています。人が年を取って見えるのは、パッと見た第一印象というのが確かにあるかもしれません。ただ人というのは第一印象からある程度時間が経ったら全体的に醸し出される雰囲気とか体型で老けているかどうかを判断してくるものです。

なぜ、私がこう考えているのかと言いますと、**実年齢より上に見られる顔はある程度決まってしまっていて、自分でコントロールできないからです。**若く見せるという観点では、姿勢・体型は努力次第で変わりますので、そこに力を入れていただきたいなと思います。

POINT

若さを気にするなら、まずは体型の維持を考えることが大切です。

QUESTION 36

水分は何で摂ればいい?

A. ミネラルウォーターを飲む

B. 麦茶を飲む

ANSWER ○

A.B. どちらもOK

1日2L程度を目安に

水分補給は健康のためにも肌のためにも大切ですが、だいたい1日に2L程度飲むのが良いでしょう。「のどが渇くなあ」という口渇感は、高齢になるほど鈍くなるので、熱中症などを引き起こす場合もあります。ですので40代、50代、60代と年を経るにつれて、より水分の摂取が必要になってきます。「水中毒」というのもありますけど、水中毒になるには、30分で10Lくらい飲まないといけない。多少の飲みすぎは気にしなくて大丈夫です。水以外には、麦茶はミネラルを含んでいますしおすすめです。私はジャスミンティーやルイボスティーなどもよく摂ります。その際はカフェインレスのものを選びます。

アルコールを含んだビール、カフェインが豊富なコーヒーは利尿作用が多いので、水分としてはカウントはしないようにしましょう。

POINT

アルコールやカフェインが含まれていない飲み物を1日2L程度飲むように心がけましょう。

QUESTION 37

部屋の環境で特に気をつけたいことはどっち？

A. 加湿

B. UVガラス

ANSWER ○

A. 加湿

乾燥肌は特に加湿が必要

部屋の環境で気をつけたいのは「加湿」ですね。

私自身も、乾燥肌ですので大きめの加湿器を2台つけています。

冬は特に加湿器をフルで使用するようにしています。**湿度は60％程度がベストだとされていて、40％以下だと肌が乾燥してくるかなと思います。**ホテルなども乾燥がひどくて大変ですね。全館統一型のエアコンは特に乾燥していますので、注意が必要です。加湿器の他には、アロマディフューザーを使用しています。こちらは加湿というよりは、リラクゼーションの意味合いで使用していますね。

一方でUVガラスについて、悪いとは言いません。そこにお金をかけてUV対策をするのか、これは1つの価値観の違いです。個々人が、生活環境でどうすれば心が落ち着くかで考えるのもいいでしょう。

POINT

乾燥しやすい方は特に「加湿」に気を配りましょう。

おわりに

ズボラでもいいんです

お読みいただいた皆さん、ありがとうございます。たくさんの知識をお伝えしました。ただ私は常に美容を考えて100点満点の生活を心がけるよりも**「60点でいい」みたいなマインド**が良いのかなと思います。結局、がんじがらめで生きるより好きなことをしながら見直すことが健康としてもいいんです。「がんばらなきゃ」というマインドでいると、シャンプーをしすぎたり、肌トラブルも招きがちです。

本質的には「人生を充実して生きる」ことが大事なのであって、そのための一つの要素が、年齢よりも若く見えることやきれいであることだと思います。**美容は「人生を楽しく生きる」目的を達成するための手段にすぎない**と覚えていただいて損はないです。その一つの手段を達成するために本書を参考にしていただければ幸いです。

著者　北條元治（ほうじょう・もとはる）

1964年、長野県生まれ。医学博士。東海大学医学部非常勤講師。株式会社セルバンク代表取締役。弘前大学医学部卒業。信州大学附属病院勤務を経てペンシルベニア大学医学部で培養皮膚を研究。帰国後、東海大学にて同研究と熱傷治療に従事。2004年に細胞の製造・保管や再生医療の技術・導入支援を行う株式会社セルバンクを設立し、2005年に肌の老化防止（肌の再生医療）専門の医療機関RDクリニックを開設。創業ドクターとして、5,000人以上もの女性の肌の悩みを解決している。現在は社長業と共に再生医療の普及に従事するため、YouTuberとしても活動中。YouTube登録者数29.1万人（2024年1月現在）。

デザイン　小川恵子（瀬戸内デザイン）
DTP　野村友美（mom design）
イラスト　Waco
校正　鷗来堂
編集　大野洋平

40代《だい》の壁《かべ》を乗《の》り越《こ》える美容《びよう》トレ
「肌《はだ》の再生《さいせい》医療《いりょう》の専門家《せんもんか》」が
忖度《そんたく》なしで教《おし》える最高《さいこう》のエイジングケア

2024年3月4日　初版発行

著　者　北條元治《ほうじょうもとはる》

発行者　山下直久

発行所　株式会社KADOKAWA
〒102-8177　東京都千代田区富士見2-13-3
電話 0570-002-301（ナビダイヤル）

印刷所　TOPPAN株式会社
製本所　TOPPAN株式会社

●お問い合わせ
https://www.kadokawa.co.jp/（「お問い合わせ」へお進みください）
※内容によっては、お答えできない場合があります。
※サポートは日本国内のみとさせていただきます。
※Japanese text only
定価はカバーに表示してあります。

ISBN 978-4-04-606643-5 C0077